楷书入门

颜勤礼碑 结构练习

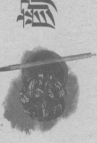

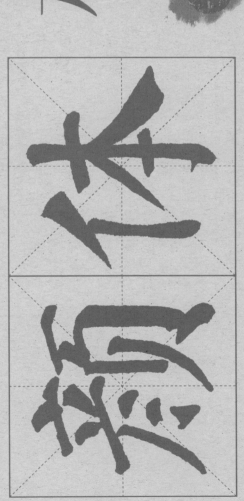

颜体

田英章 主编

CTS ⑨ 湖南美术出版社

图书在版编目（CIP）数据

颜体楷书入门.颜勤礼碑结构练习 / 田英章主编.
一长沙：湖南美术出版社，2015.12
ISBN 978-7-5356-7591-0

I.①颜… II.①田… III.①楷书—书法 IV.①
J292.113.3

中国版本图书馆 CIP 数据核字(2016)第 022962 号

Yan Ti Kaishu Rumen   Yan Qinli Bei Jiegou Lianxi

颜体楷书入门　颜勤礼碑结构练习

出 版 人：李小山
主　　编：田英章
责任编辑：彭　英
责任校对：伍　兰
装帧设计：徐　洋
出版发行：湖南美术出版社
　　　　　（长沙市东二环一段 622 号）
经　　销：全国新华书店
印　　刷：成都博瑞传播股份有限公司印务分公司
开　　本：787×1092　1/8
印　　张：10
版　　次：2015 年 12 月第 1 版
印　　次：2017 年 4 月第 2 次印刷
书　　号：ISBN 978-7-5356-7591-0
定　　价：15.00 元

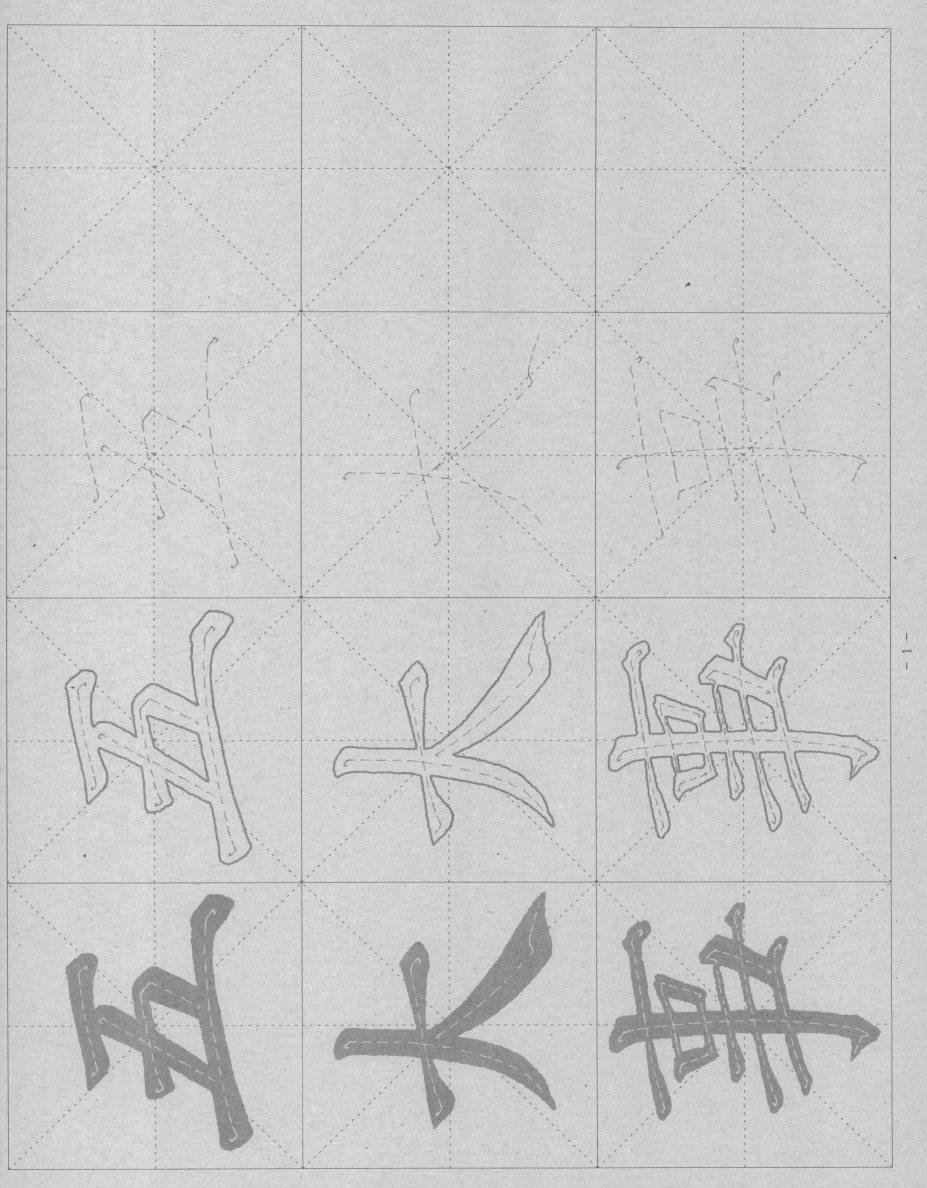

独体字——主笔突出　【要点】①主笔是字中的核心笔画，起平衡和支撑作用。②"五"字的末横为主笔，应写长以托住上部；"大"字的末笔捺画为主笔，用笔厚重，向右下伸展；"事"字的竖钩为主笔，稍粗，略有弧度。

独体字——主笔突出 【要点】①主笔在书写时宜厚重或伸展。②『才』『手』『氏』三字的钩画为主笔，稍粗，略有弧度。

才

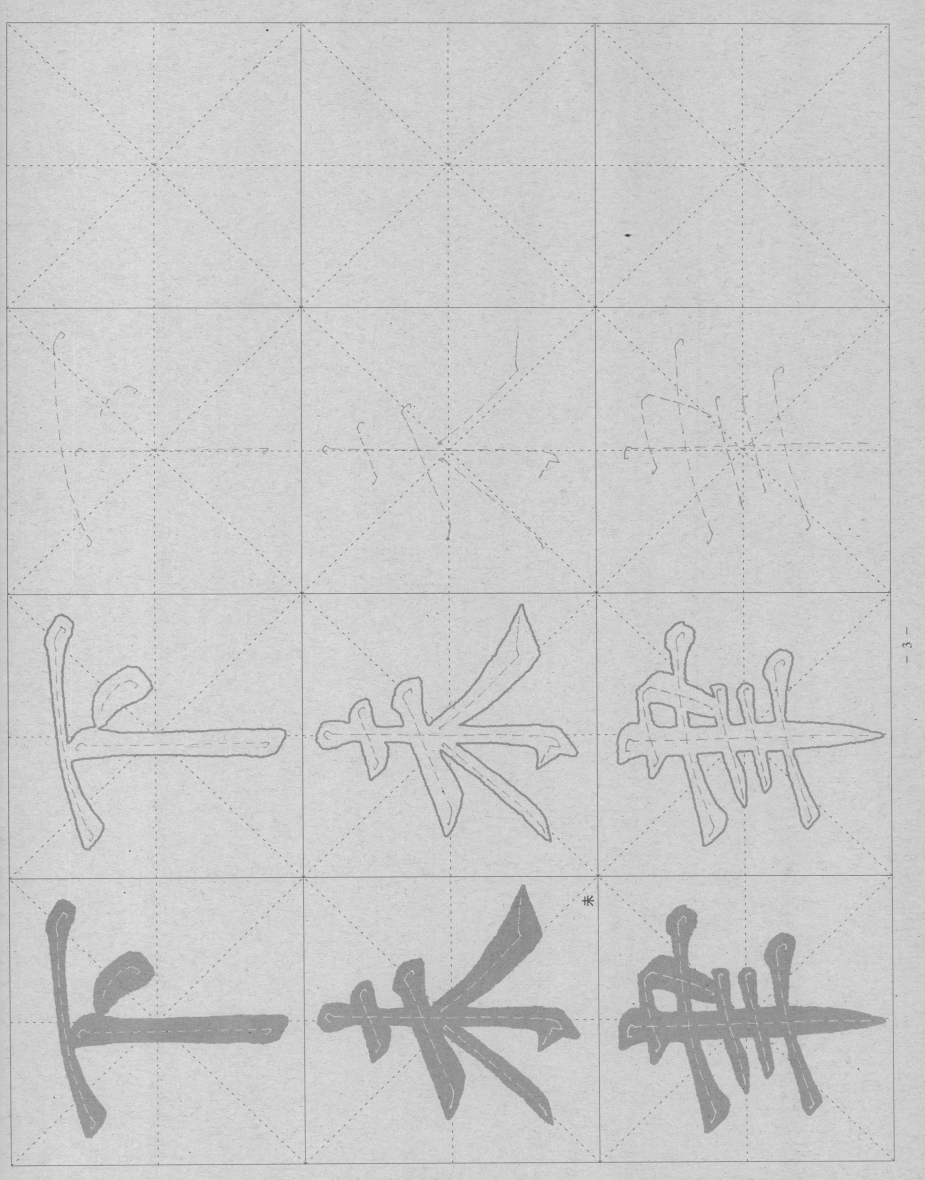

独体字——横平竖直 【要点】①横平竖直是楷书的基本特征。②横平不是严格意义上的呈水平状,而是略向右上倾斜,以取得视觉上的平正。③竖画要写得直挺,以使整体平稳。

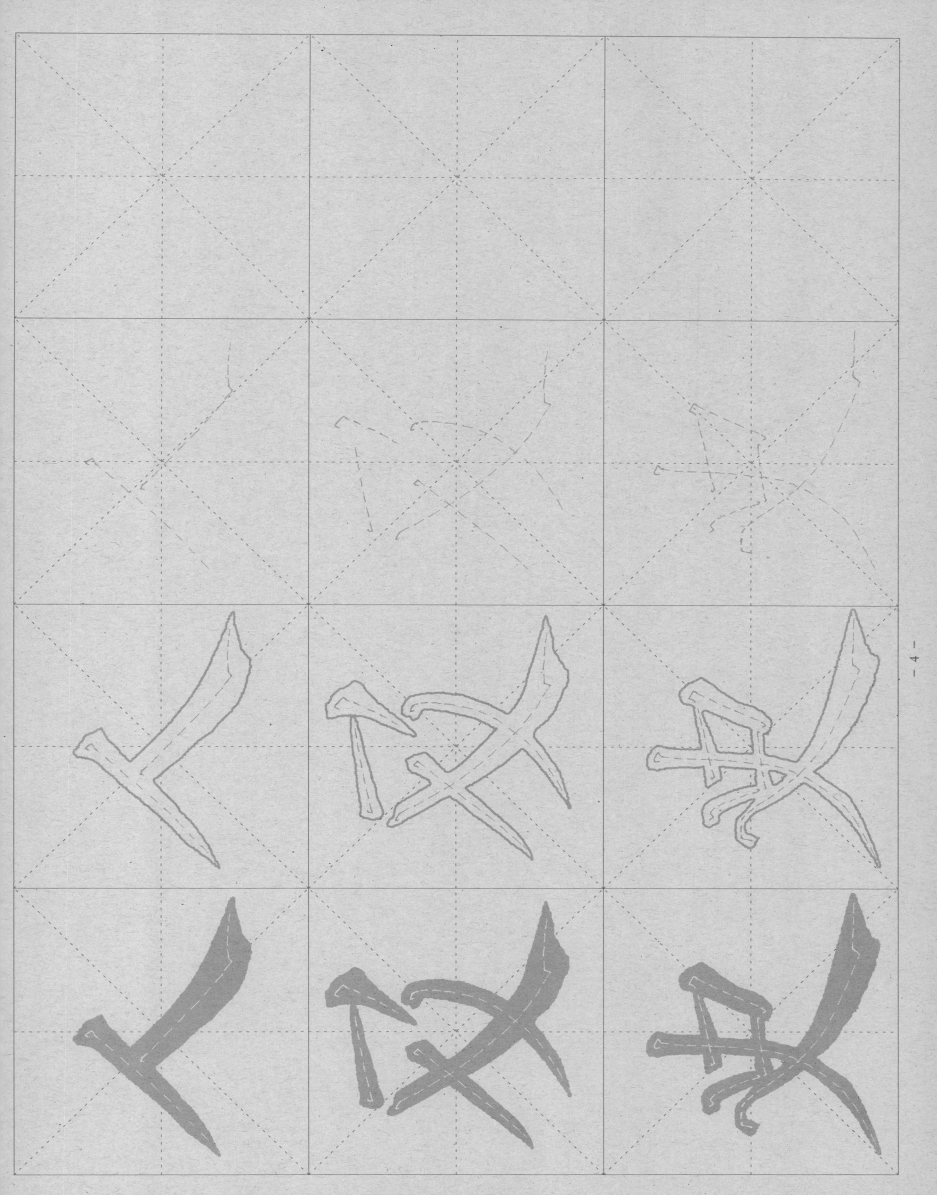

独体字——斜中取正　【要点】①字中有倾斜笔画时，应通过其他笔画来补救，使结字重心不失，即斜中取正。②这类字的倾斜笔画宜写得疏朗伸展，以求平衡。

独体字——字长　　【要点】①整体宜高，笔画要写得丰满，即高而不瘦。②这类字整体呈长方形，在书写时多为横短竖长，竖画劲挺。

东

【要点】①字形偏扁的字不宜拉长。②不宜书写过宽，否则会显得更扁。

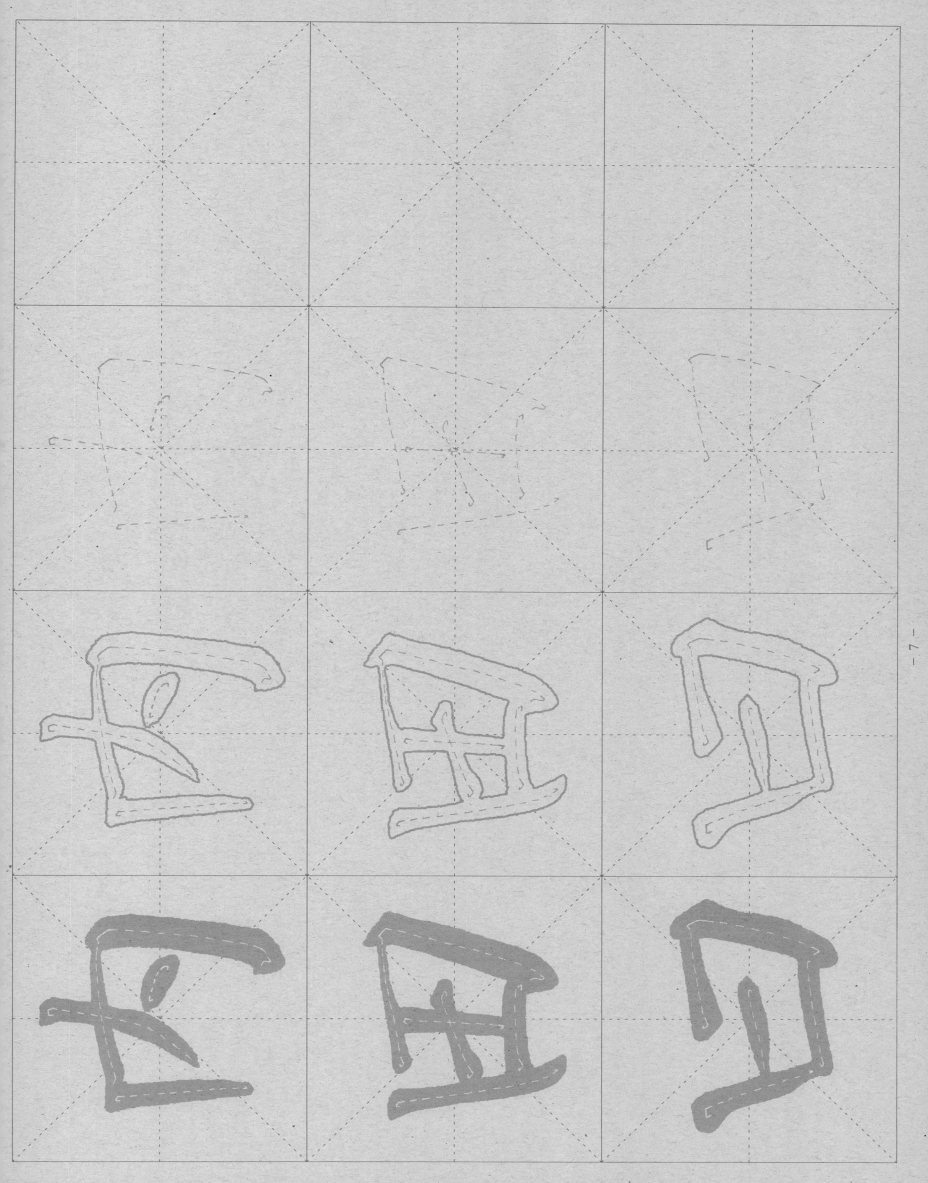

独体字——字方　【要点】①一般要将其上两角写平稳。②转折有棱角,左右竖笔要写直,略内斜,达到四角平正,字形平稳。

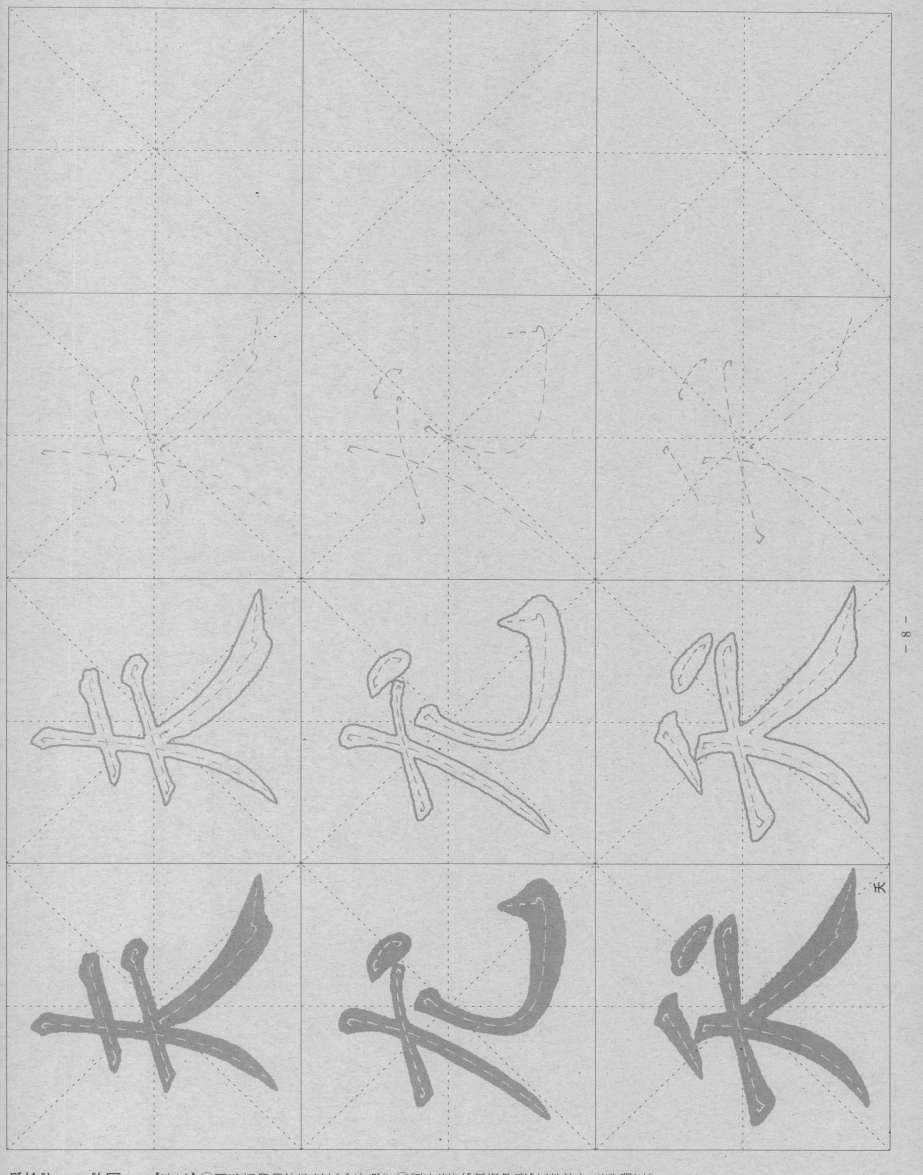

独体字——字圆　　【要点】①圆形结构的字要求重心平稳。②横平竖直，撇捺伸展，这样字才显得端正。

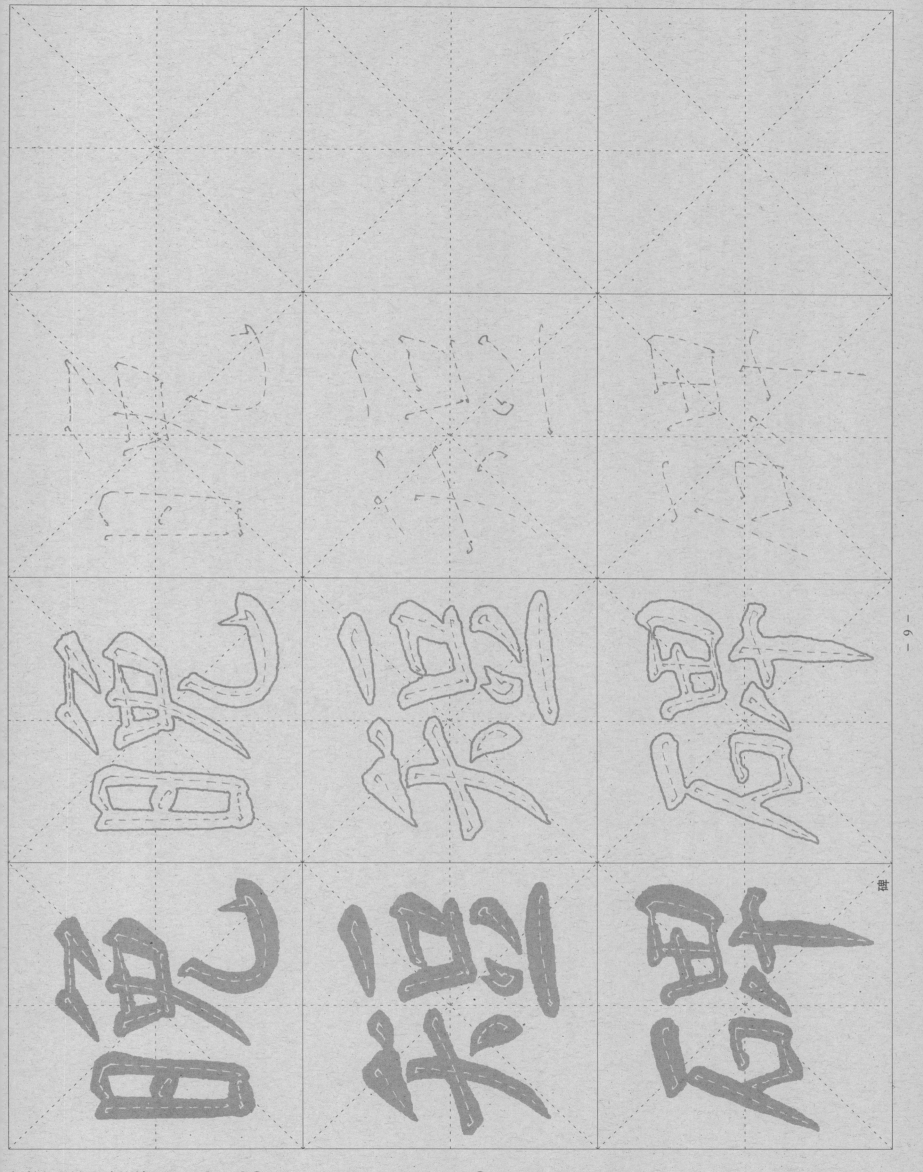

左右结构——左短右长　【要点】①左部短小，位置靠上，以避让右部。②右部笔画可向左部穿插。

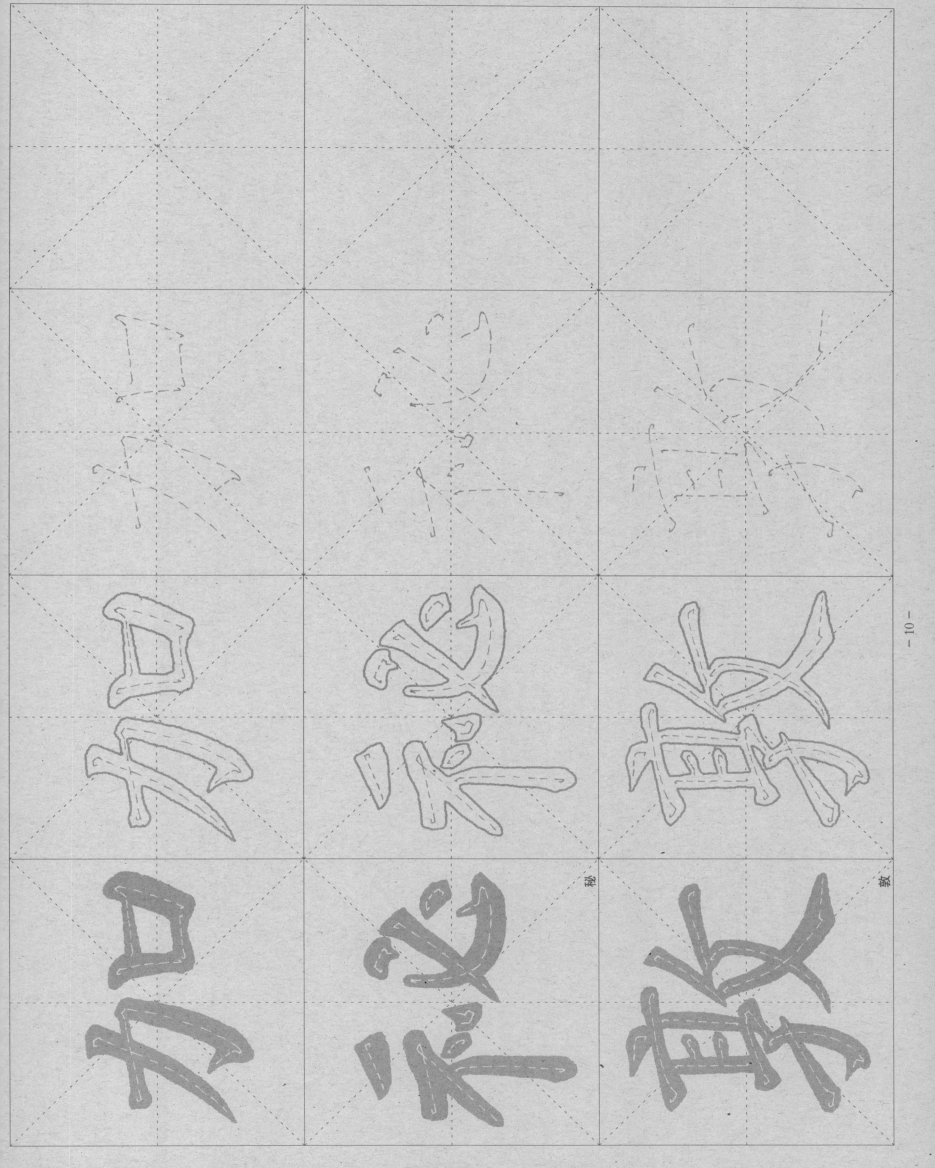

左右结构——左长右短　【要点】①左部窄长，上下舒展。②右部短小，位置上移，下方留空。

秘

敕

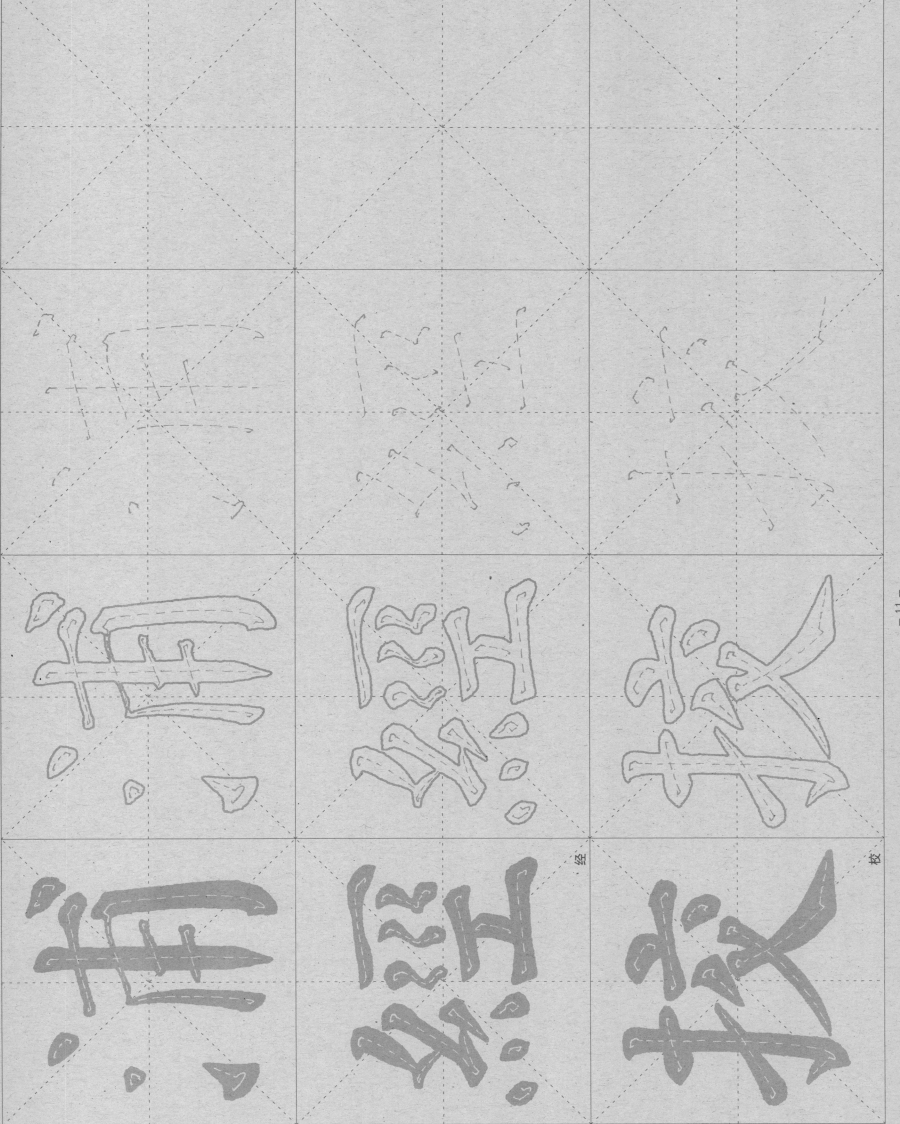

左右结构——左窄右宽 【要点】①笔画左部少右部多的字，要写得左窄右宽，以右部为主。②左部宜向右部靠拢。

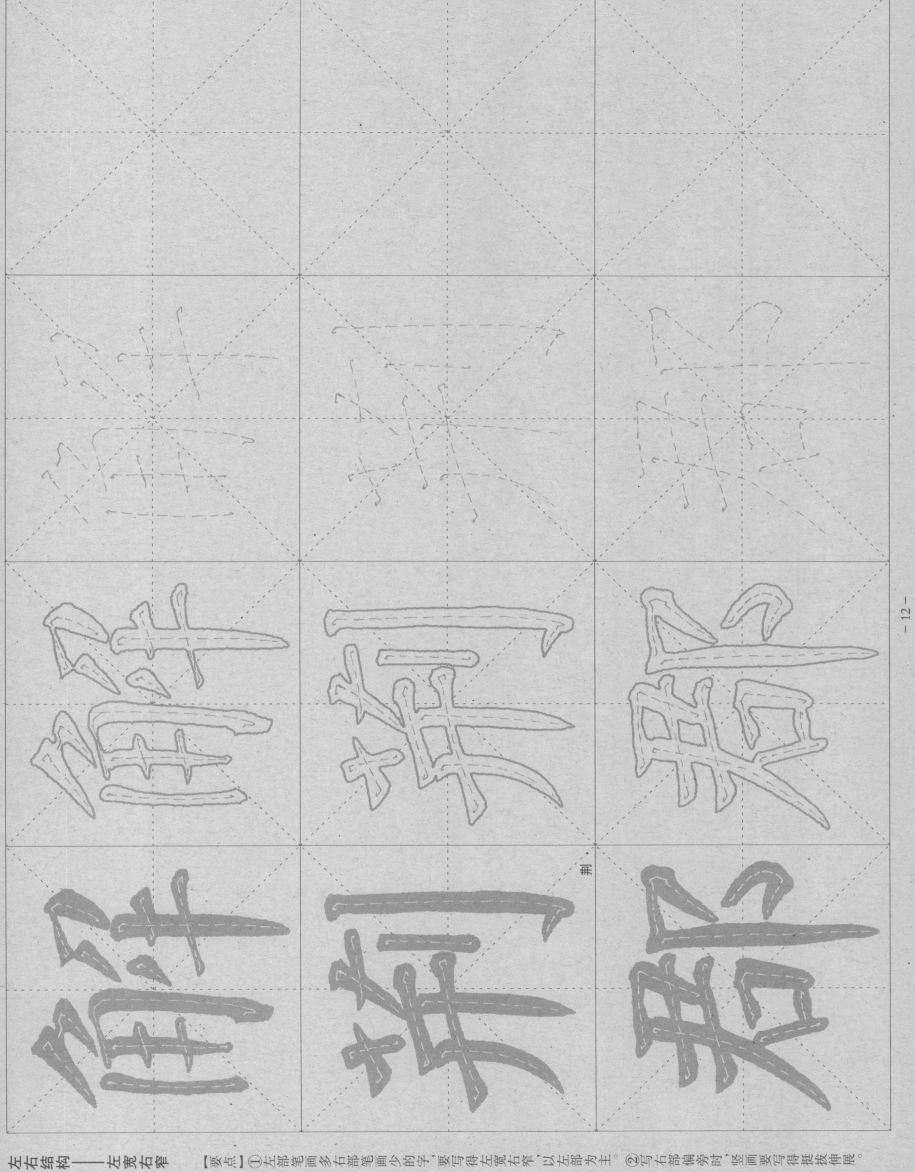

左右结构——左宽右窄

【要点】①左部笔画多右部笔画少的字，要写得左宽右窄，以左部为主。②写右部偏旁时，竖画要写得挺拔伸展。

荆

左右结构——左右穿插

【要点】①当左右两部的笔画较多时，左右两部宜写得窄长紧凑。②注意书写时应相互插入对方空隙处，使整体显得紧凑而不散乱。

剑

扬

左右结构——左右挪让

浑

诞

钧

左右结构——左合右分　　【要点】①字的右部由上下两部或多部合成。②右部上下要靠拢`对正`形成整体`再和左部对齐。

时　　胜

左右结构——左分右合 【要点】①字的左部由上下两部或多部合成。②左部上下要靠拢、对正，形成一个整体，然后右部再与左部靠拢对齐。

则

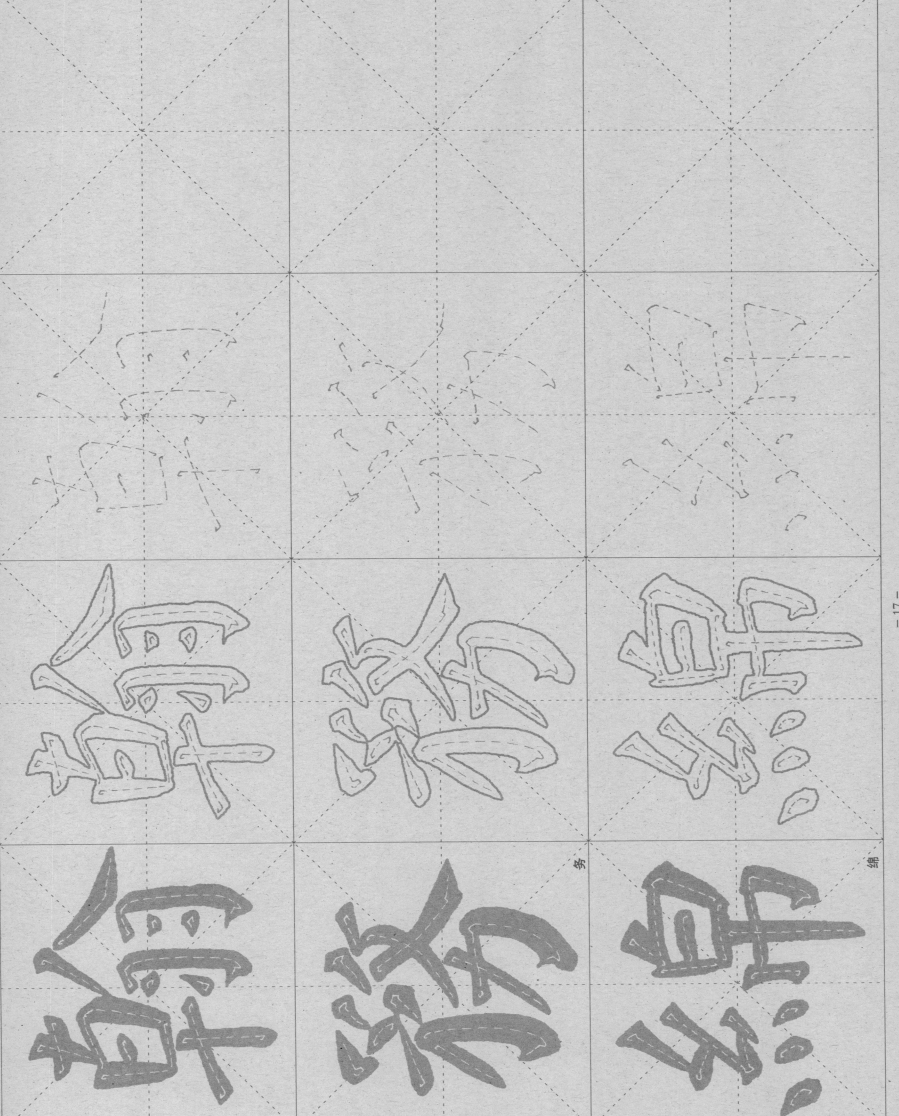

左右结构——左右皆分　【要点】①左右皆分的字结构复杂，笔画较多，应注意各部件的位置关系。②左右两部尽量写窄。

辩

修

左中右结构　　【要点】①这类字笔画较多，书写时要注意笔画间的穿插避让。②各部应写得紧凑，"秆长"切忌写宽。

卫

乡

滕

左中右结构　【要点】①左中右结构的字，左右部分应窄长伸展。②中间部分若短小，则需靠上。

師 花 畫

師 花 畫

晉

上下结构——上宽下窄　　【要点】①上部字形宽扁，能覆盖下部。②下部应写紧凑。

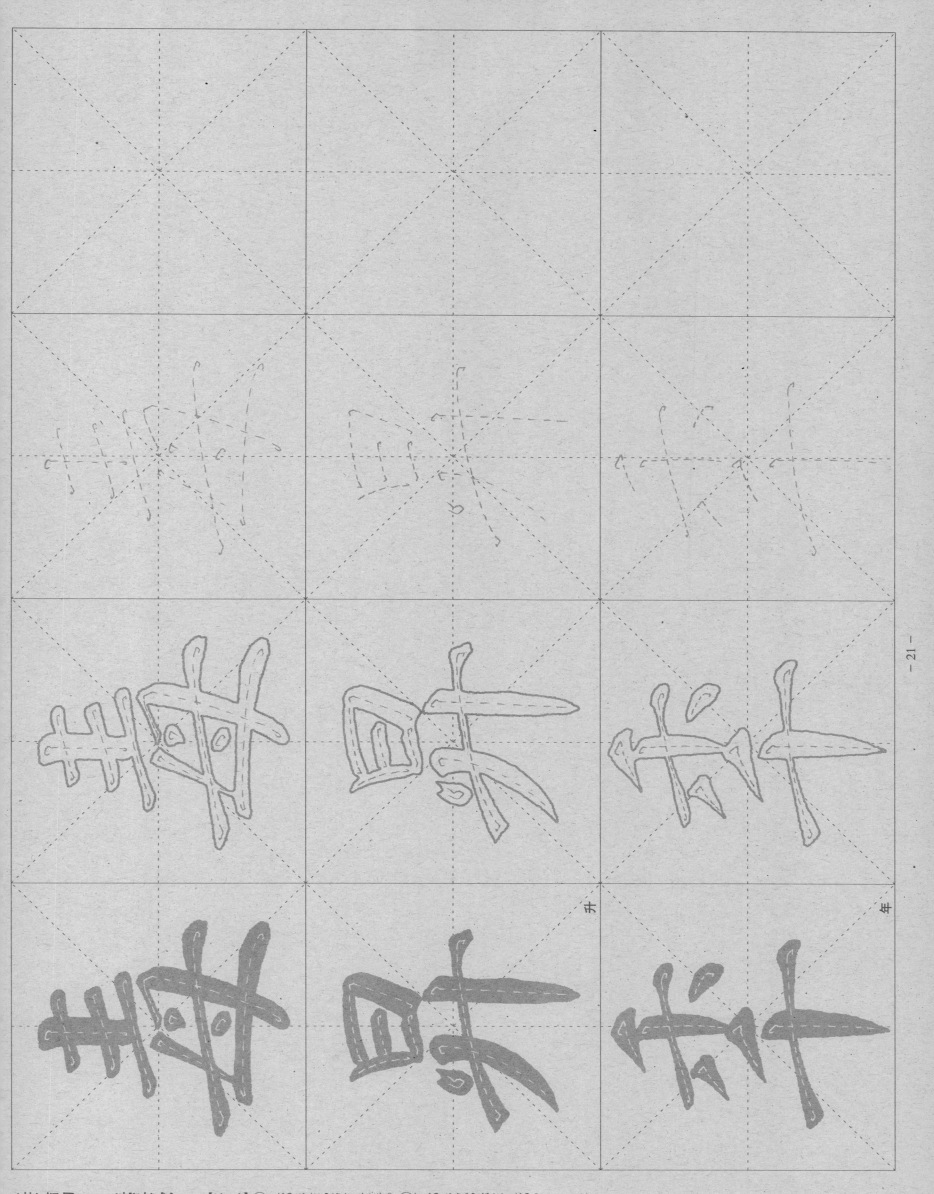

上下结构——上窄下宽　【要点】①上部形窄，书写紧凑。②下部形宽，托住上部。

上下结构——上短下长　【要点】①上部笔画少,要写短。②下部笔画多,要写长,上下两部各安其位。

万

苏

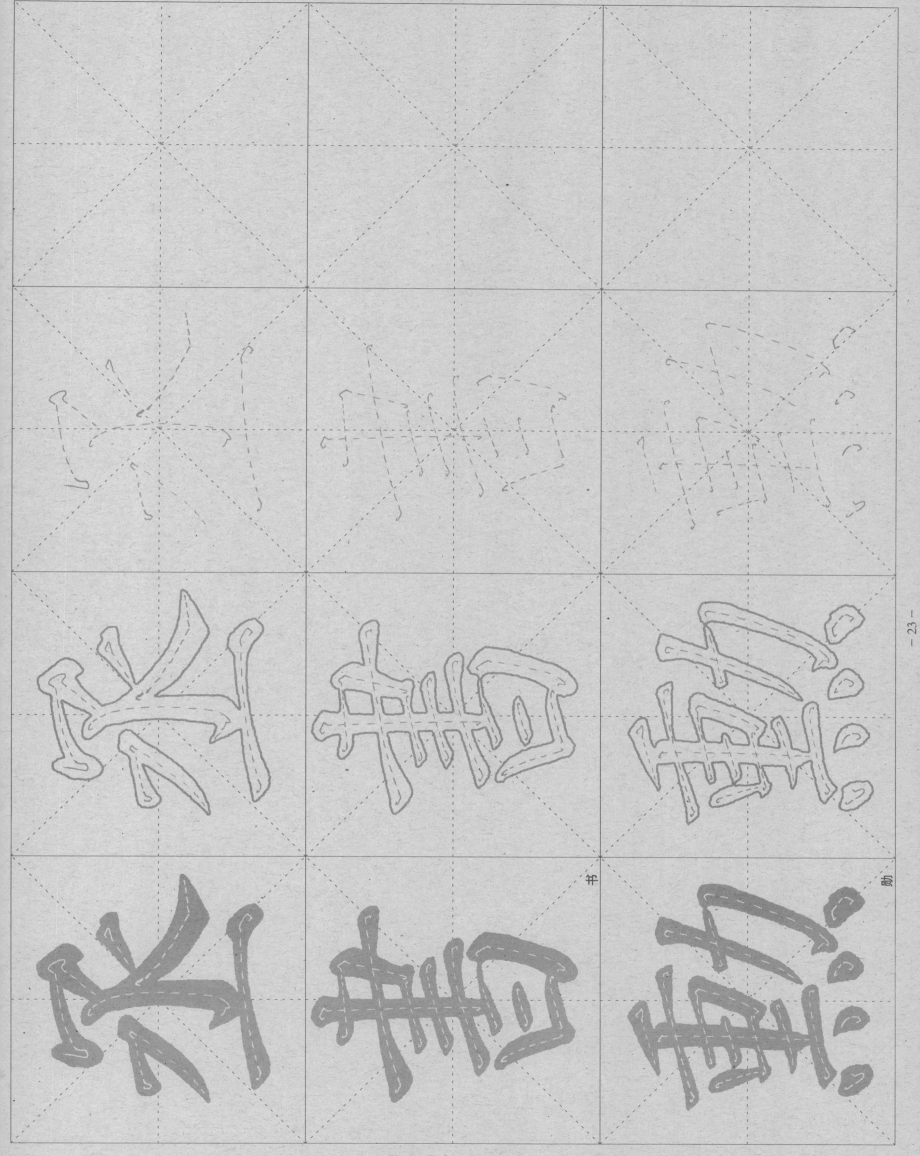

上下结构——上长下短　　【要点】①上部笔画较多，笔画之间要有序排列。②下部笔画少，要书写有力，托住上部。

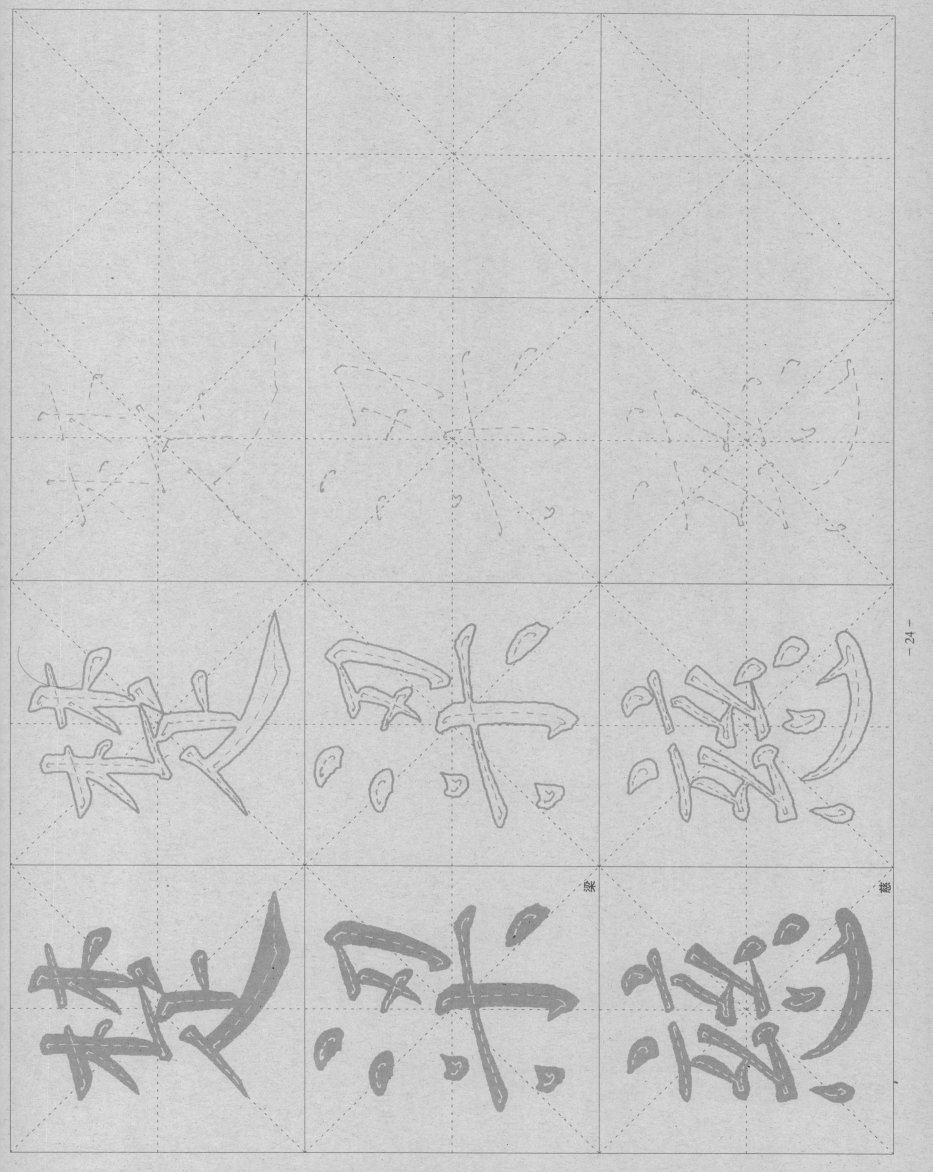

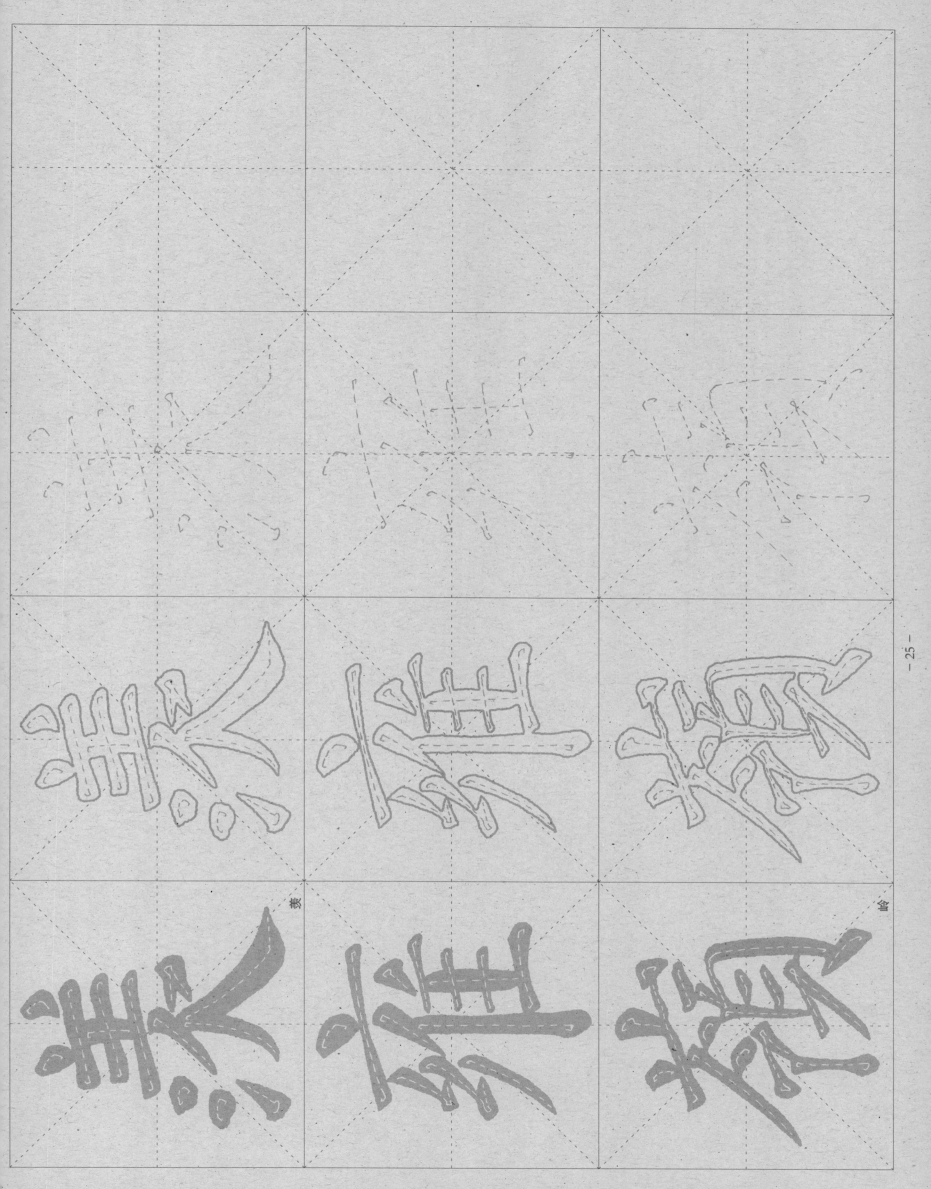

上下结构——上合下分　　【要点】①下部结构由左右两部分构成，应左右靠紧，形成整体。②下部与上部中心对正，向上靠拢。

庄

书

萨

上下结构——上下皆分

【要点】①上部由左右两部分构成，下部也由左右两部分构成。②这类字构造复杂，书写时各部要紧凑，勿使分散。

上下结构——上收下放　【要点】①以下部为主，上部收敛。②下部适当伸展，以托住上部。

会

秦

上下结构——上放下收　【要点】①以上部为主，上部伸展覆下。②下部写紧凑，适当上靠。

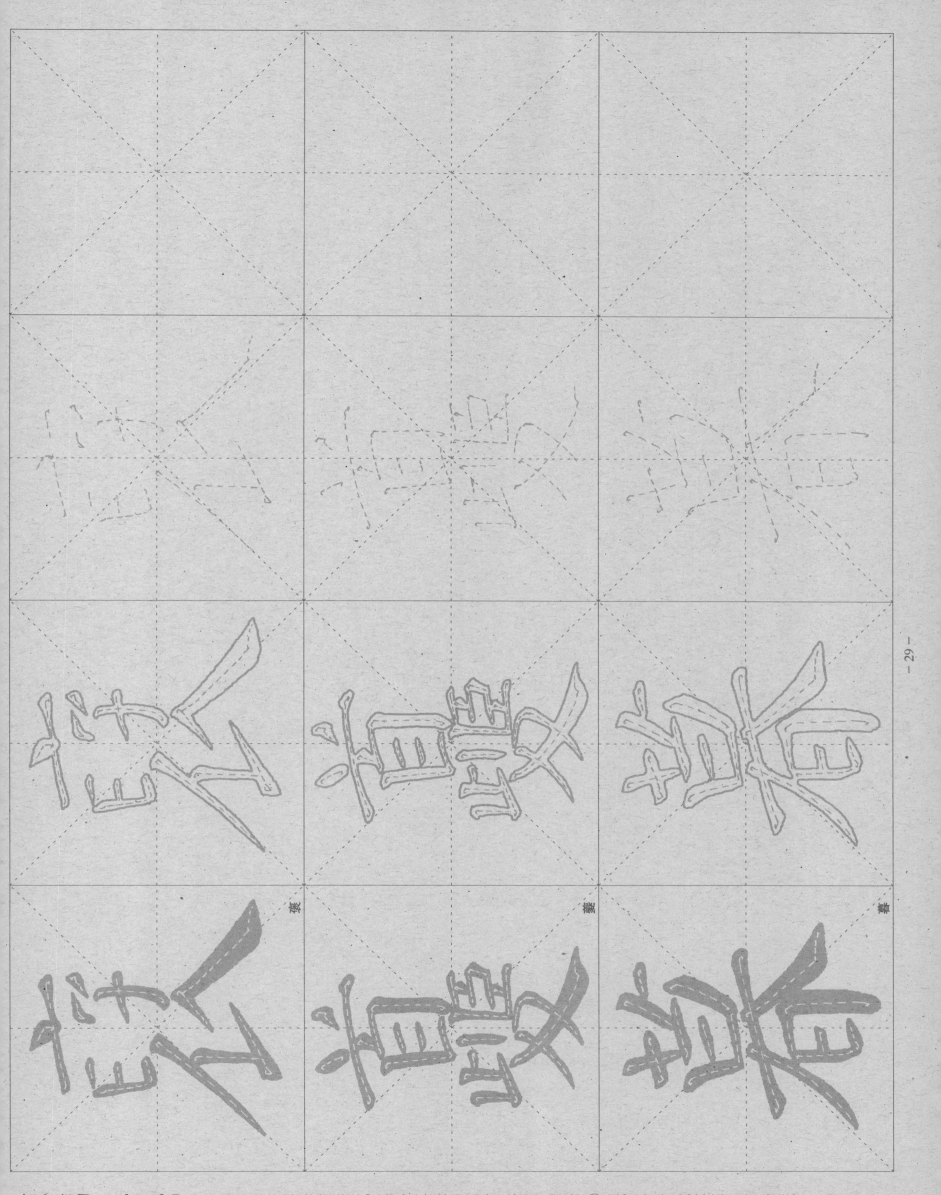

上中下结构　【要点】①上中下结构的字往往笔画繁多，书写时应注意重心对正，穿插避让。②各部书写紧凑，撇捺可适当舒展。

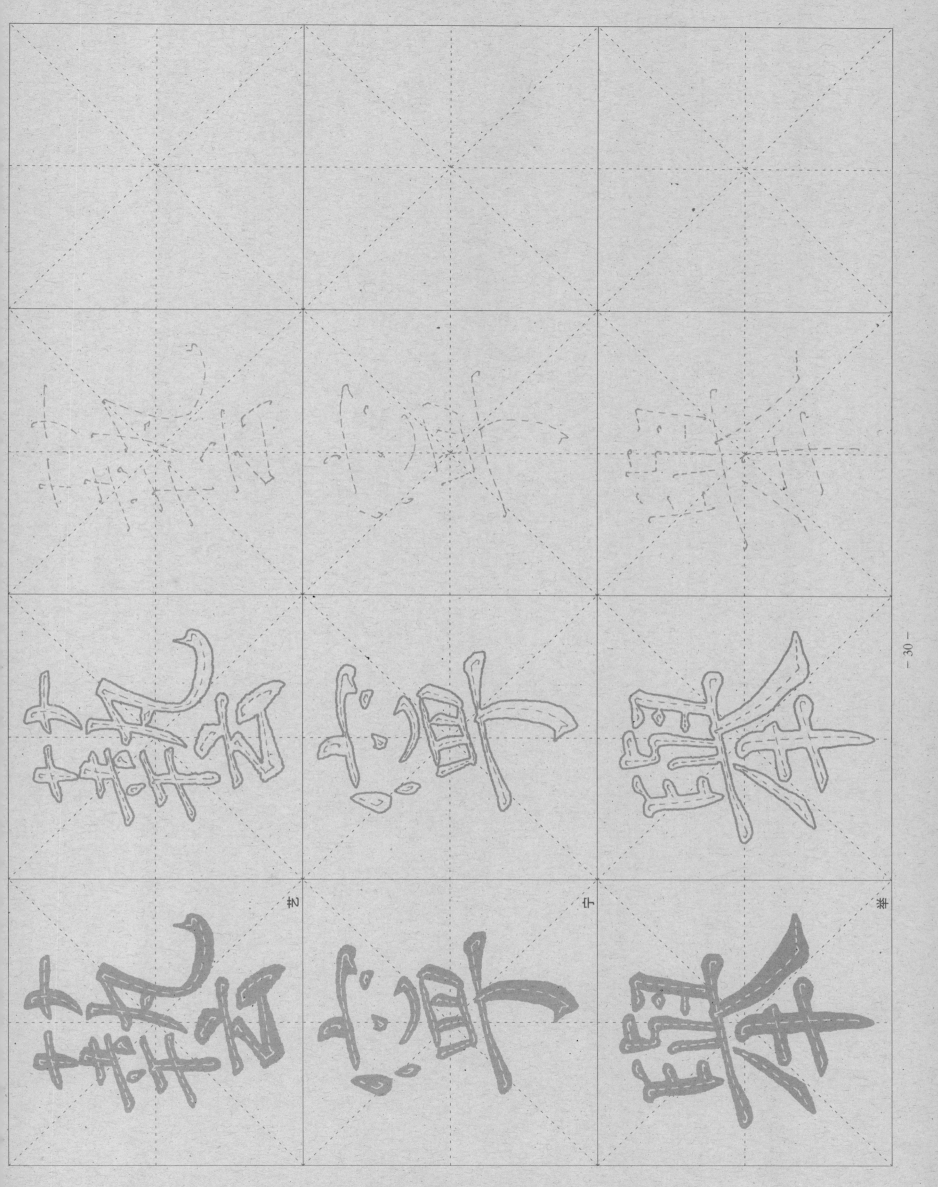

上中下结构　【要点】①上中下结构的字笔画较多，应注意笔画的粗细搭配。②相重的笔画尽量写细，排布均匀。

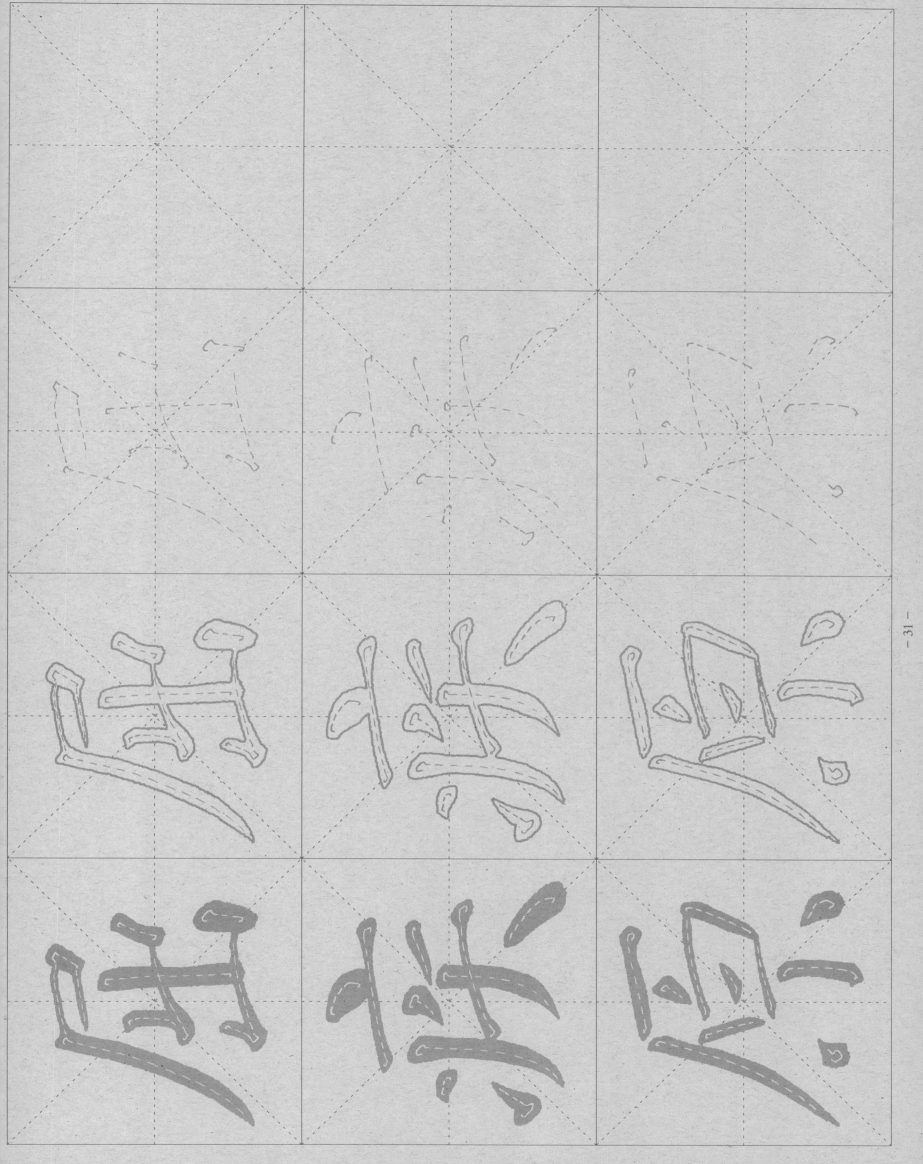

半包围结构——左上包　　【要点】①为两面包围结构，部首在左上方。②被包围部分适当向右下偏移。③被包围部分的长笔画可适当向右下突出。

翘

半包围结构——左下包 【要点】①为两面包围结构，部首在左下方。②被包围部分形宜窄，稍靠左。

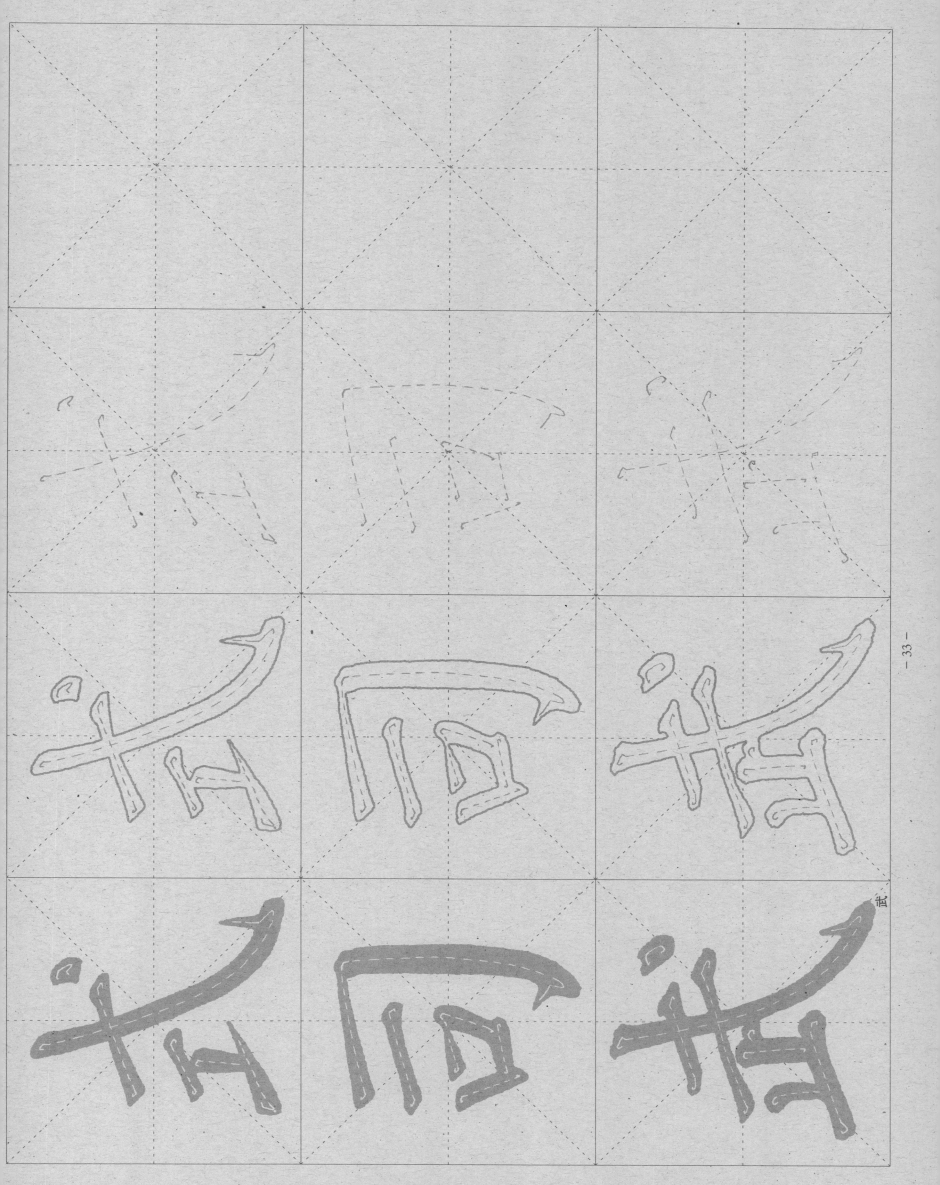

半包围结构——右上包　　【要点】①为两面包围结构，部首在右上方。②被包围部分适当向左偏移，以使字重心平稳。

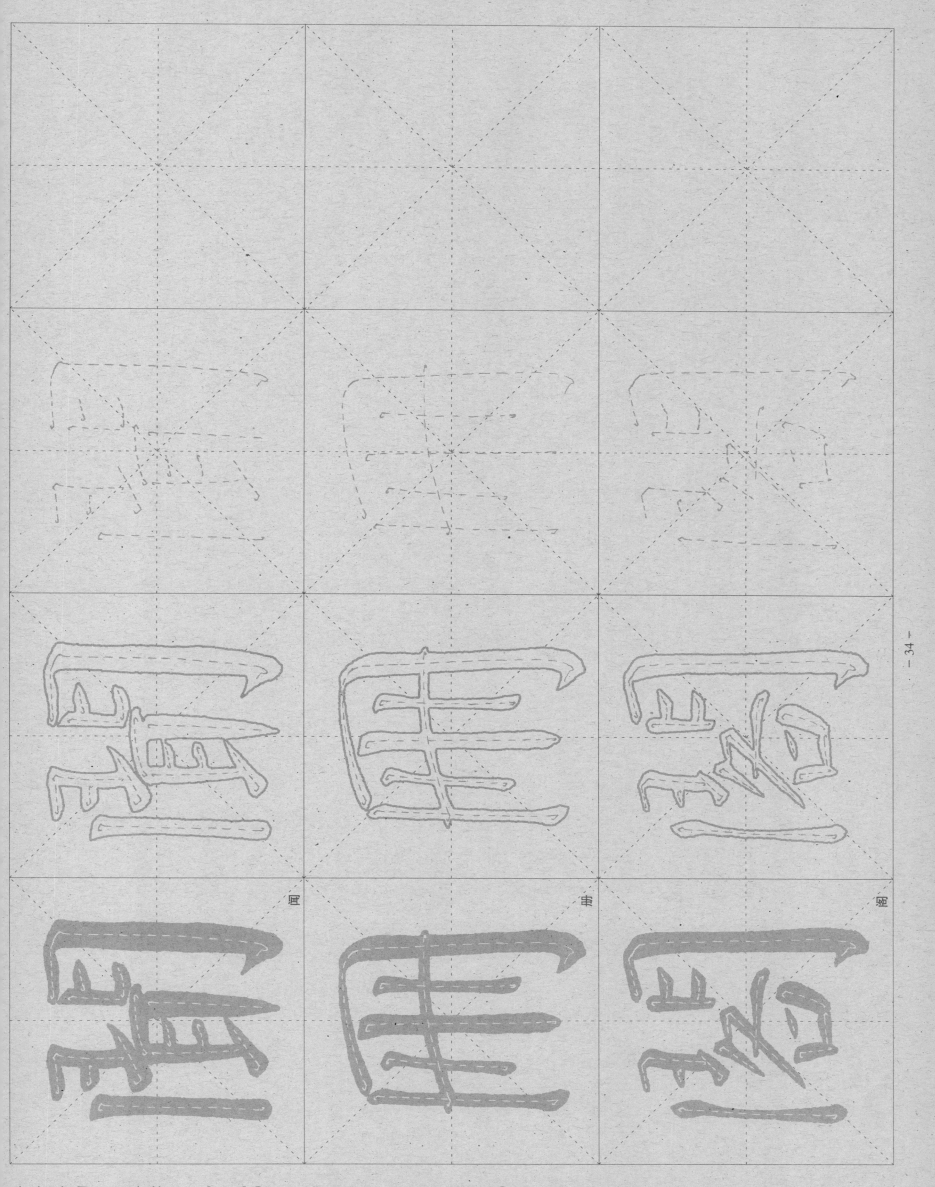

半包围结构——上包下　　　【要点】①为三面包围结构，部首在左上右三面。②被包围部分尽量向上靠拢，一般不低于字框。

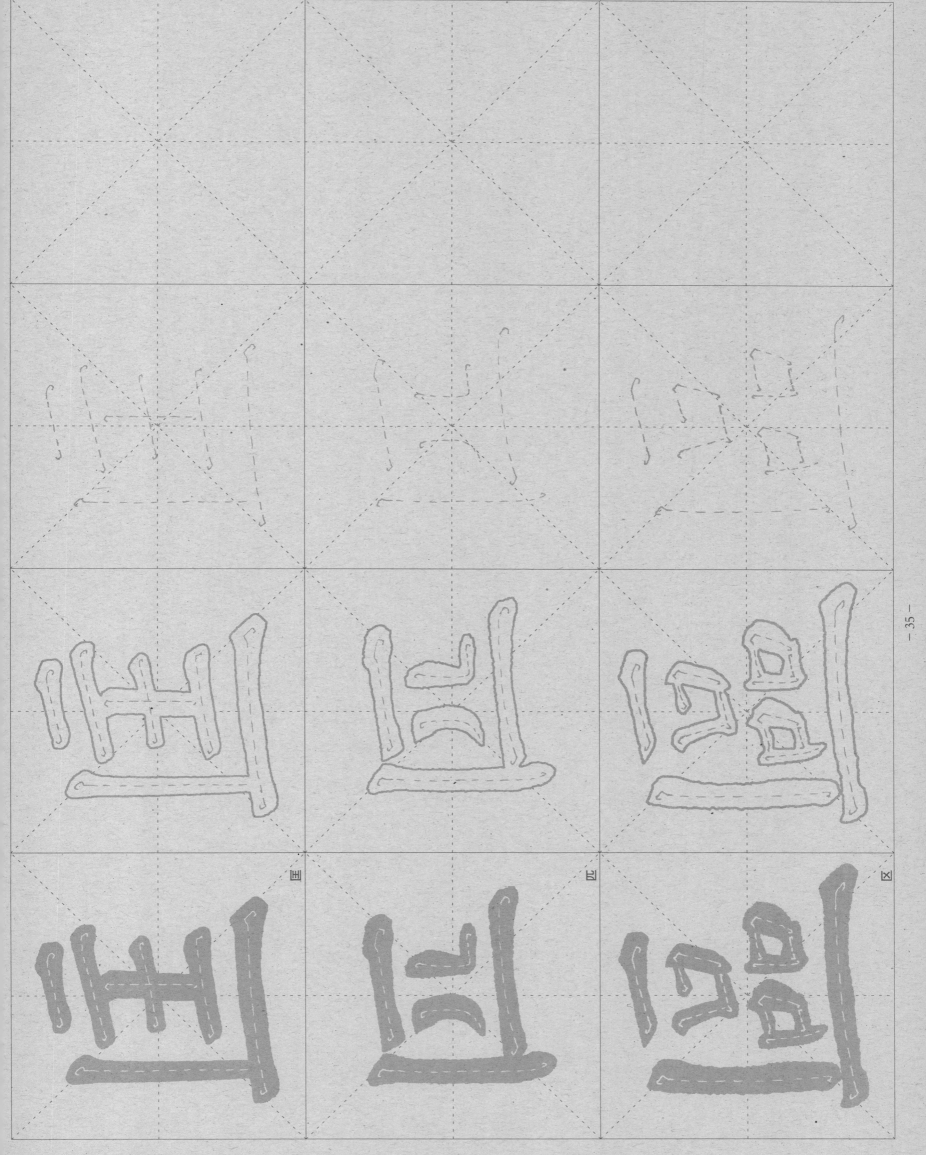

半包围结构——左包右　　【要点】①为三面包围结构，部首在上左下三面。②被包围部分应窄于部首中的底横。

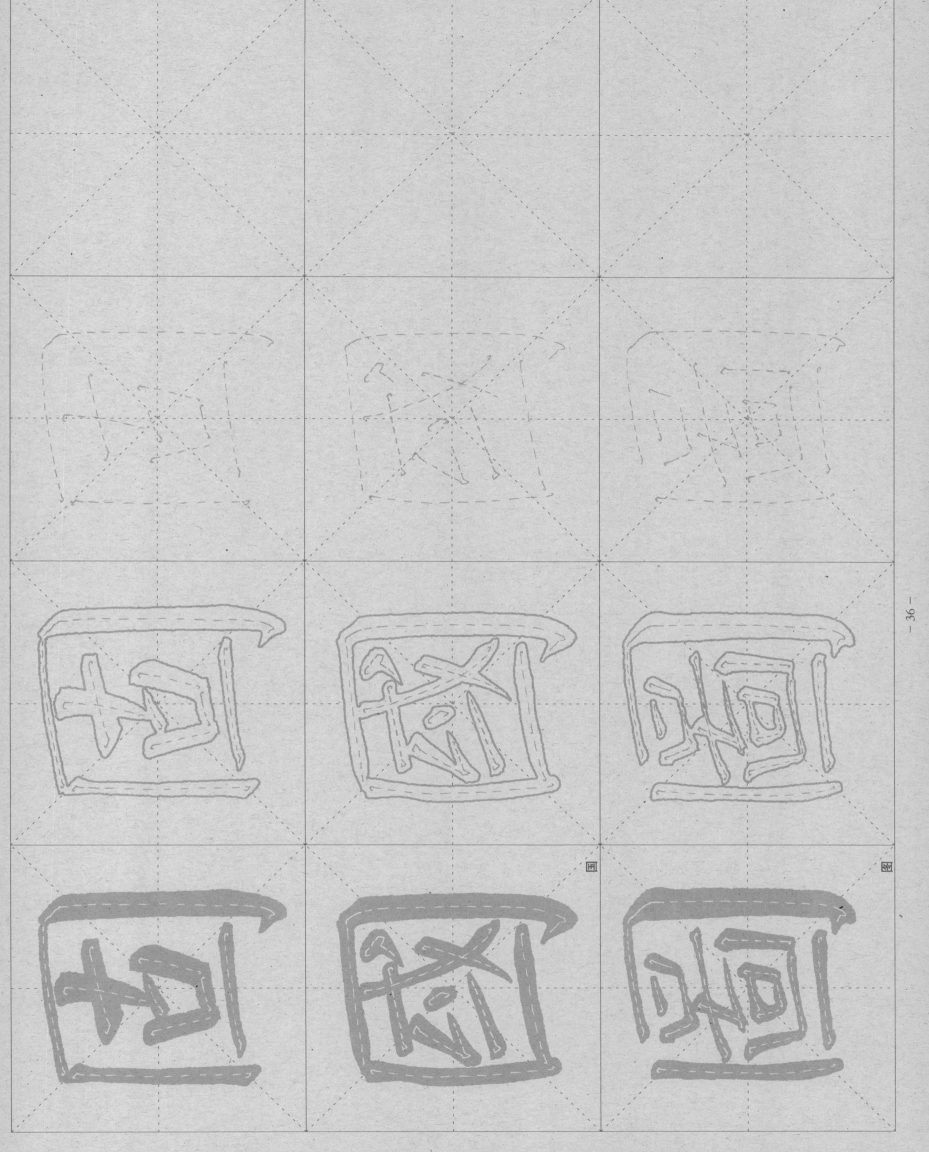

全包围结构　【要点】①全包围结构，部首在四面。②部首方正，书写时字框不宜写成正方形。③外框的两竖左轻右重，左短右长，框内布白匀称。

实

华

集字练习——春华秋实

【要点】①『春』字三横间距均匀，撇捺伸展，『日』部紧凑靠上。②『华』字中竖为主笔，写直，略粗，以悬针收笔。③『秋』字左部上紧下松，写小，以避让右部。右部略靠上，撇捺伸展。④『实』字三部上下对正，各部宜写紧凑，适当写扁一些。

集字练习——大有作为

【要点】①"大"字横画不宜写长，撇捺伸展。捺画厚重，起笔在横、撇相交处，收笔要高于撇画收尾处。②"有"字横画略细，向右上斜，撇画精粗。"月"部短横不与右为竖钩相接。③"作"字相同笔画较多，撇、竖画均平行，长短、大小不一。横画右上斜，排布均匀。④"为"字繁体字笔画繁多，宜写紧凑。

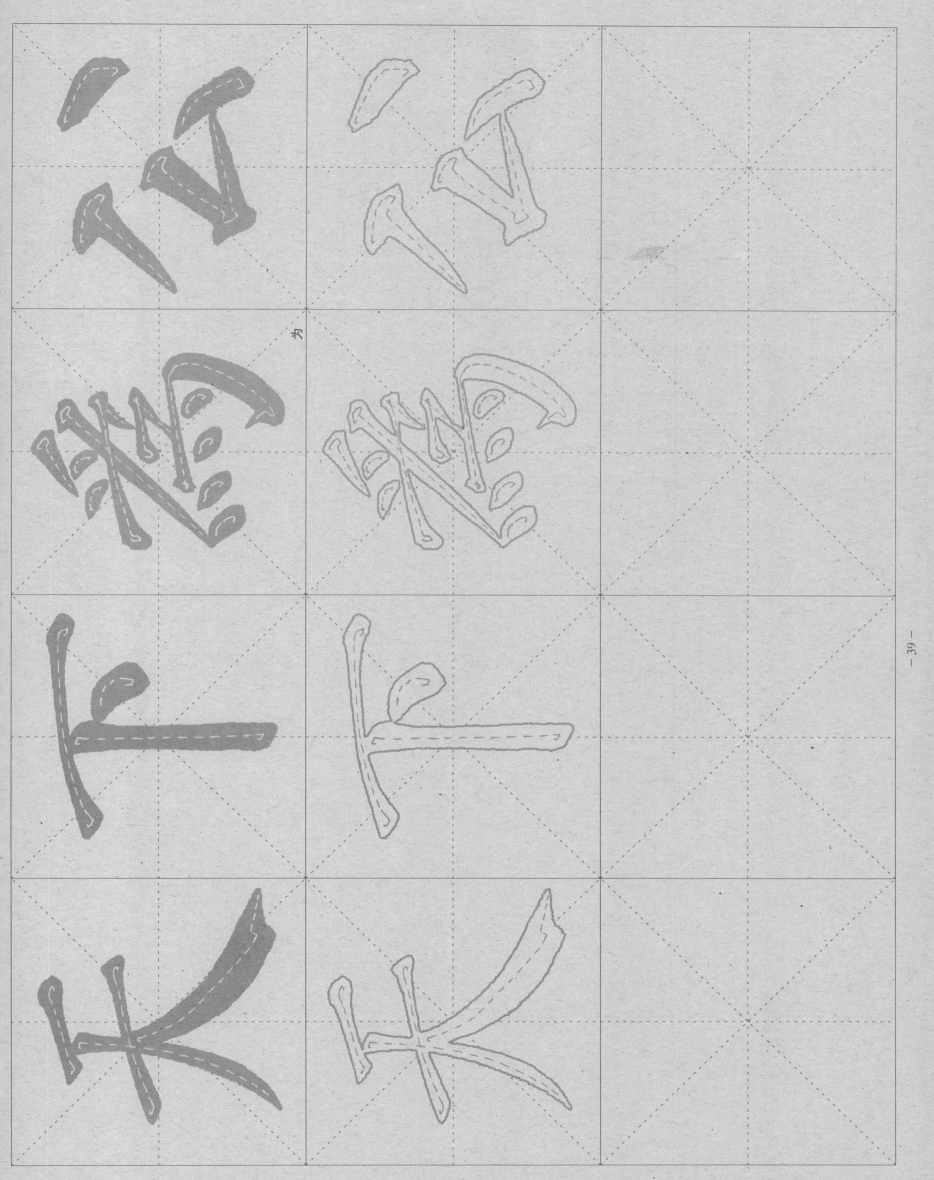

集字练习——天下为公　【要点】①"天"字横画稍轻，向右上斜且呈平行之势，撇轻捺重。②"下"字横平竖直，竖画垂露收尾，点画紧靠竖笔上端。③"为"字繁体字笔画繁多，宜写紧凑。④"公"字上部撇、点稍分开，相互呼应，下部撇折与点写紧凑。